Librairie du Parti Socialiste (S. F. I. O.)

L'Internationalisme à la Chambre

Jean JAURÈS

L'INTERNATIONALE ET LA PATRIE

DISCOURS PRONONCÉ

à la Chambre des Députés, les 8 et 15 Décembre 1905

PRIX : 0.10 CENTIMES

du Conseil National, 16, Rue de la Corderie

PARIS (IIIe Arrondissement)

L'Internationale et la Patrie

DISCOURS PRONONCÉ

à la Chambre des Députés, les 8 et 15 Décembre 1905

Par Jean JAURÈS

Jaurès. — Messieurs, comme vous avez pu le voir, ce n'est pas seulement la sincérité ou la clairvoyance des socialistes que M. Lasies conteste, c'est la sincérité, tout au moins la clairvoyance naturelle des républicains eux-mêmes, depuis Jules Simon jusqu'à M. Buisson et à M. Deschanel.

Je ne veux pas bénéficier de la sorte de diversion que m'offrirait M. Lasies en élargissant à presque tout le parti républicain les attaques qui avaient d'abord été dirigées seulement contre les socialistes. C'est comme socialiste que je veux répondre aux interrogations pressantes, aux appels que quelques-uns de nos collègues m'ont fait l'honneur de m'adresser.

M. Grosjean m'a sollicité, il m'a presque sommé, d'apporter à cette tribune un acte de contrition ; et M. Deschanel, tout en s'efforçant d'atteindre, dans l'analyse des idées, à une impartialité qui lui vaut de ce côté (*la droite*) quelques mécomptes, concluait qu'il fallait arracher des veines de la France ce qu'il appelait des gouttes de poison.

Ce n'est pas sur le passé, ce n'est pas sur les leçons d'histoire qu'a invoquées ici M. Deschanel, si intéressantes qu'elles puissent être, que je veux prolonger avec lui la controverse. Je ne comprends pas, je l'avoue, pourquoi il persiste, après bien d'autres, à nous opposer l'exemple lointain de la Grèce antique. Si elle a péri, ce n'est pas parce que des idéalistes lui ont proposé la démocratie et la paix, ce n'est pas non plus parce que dans les cités grecques s'est développée la même lutte de classes qui s'est produite dans toutes les civilisations, c'est parce que de cité à cité, d'État à État il y a eu les mêmes rivalités implacables et aveugles qui affligent aujourd'hui les États européens. (*Applaudissements à l'extrême gauche.*)

Et puisque M. Deschanel invoquait la grande parole de Démosthène, qu'il se souvienne que son grand rôle a été précisément de rappeler aux cités grecques qu'elles devaient sortir de cette sorte d'isolement, d'étroitesse et de jalousie, qu'elles devaient confondre le patriotisme athénien, le patriotisme spartiate, le patriotisme thébain dans le patriotisme hellénique ; et quand enfin la ligue achéenne, reprenant le programme du grand orateur et du grand patriote, s'est fondée, sur une double idée, la démocratie à l'intérieur des cités et l'union, la fédération des cités entre elles, il était trop tard !

Ce programme de démocratie et de fédération que l'hellénisme a adopté trop tard, nous le reprenons pour l'appliquer à l'Europe d'aujourd'hui (*Interruptions au centre et à droite. — Applaudissements à l'extrême gauche et sur divers bancs à gauche*), pour lui demander de créer la ligne européenne contre les barbaries subsistantes et menaçantes, contre la misère, contre l'ignorance, contre les servitudes économiques, politiques et sociales.

Je ne recherche pas non plus avec M. Deschanel si c'est le grand rêve de paix et de fraternité du christianisme primitif qui a rivé au joug de l'Islam les chrétiens d'Orient passifs et impuissants. Non, je ne veux pas rechercher ces origines lointaines ; mais ce que j'ai le droit de dire par la leçon des événements récents, par les faits où est engagée notre responsabilité à nous, c'est que si les chrétiens d'Orient ont été égorgés, c'est par l'effet des rivalités misérables des grandes puissances européennes ; ce sont les divisions de l'Europe, ce sont les querelles de l'Angleterre, de l'Allemagne, de la Russie, de la France qui ont tenu les Arméniens sous le couteau du sultan, et c'est dans l'intérêt de la civilisation elle-même qu'à cette heure nous invitons de nouveau tous les peuples de l'Europe à faire un pacte d'union et de fédération. (*Applaudissements à l'extrême gauche.*)

Mais, messieurs, c'est aux nécessités immédiates, c'est aux questions et aux problemes d'aujourd'hui que je veux répondre.

Vous nous avez demandé si la crise qui s'est ouverte dans notre pays, en Europe, au mois de juin dernier, n'avait pas été pour nous un avertissement et une leçon. Vous nous demandez si, après l'émotion, après l'inquiétude qui s'est emparée du pays tout entier, nous persistons dans notre propagande de paix et d'internationalisme.

Eh ! bien, messieurs, si vous voulez juger notre politique dans ses véritables termes, je vous demande en quoi les événements qui se sont produits et qui se développent nous conseillent d'y renoncer ou de l'atténuer.

Cette politique, la politique socialiste, quelle est-elle? Nous l'avons souvent formulée. Je puis la résumer par trois idées qui se complètent réciproquement et qui sont inséparables : la première, c'est que nous devons porter au plus haut la puissance défensive de la nation. (*Applaudissements. — Mouvements divers.*)

Ce que j'ai dit toujours, ce que les socialistes dans cette enceinte ont dit toujours, ce que le citoyen précisait à cette tribune dans la discussion de la loi militaire, je le répète ici, et je m'étonne, messieurs, que vous paraissiez souligner comme une nouveauté ce qui est l'affirmation constante de notre pensée et de notre politique. Je répète que notre premier souci c'est de porter au plus haut degré la puissance défensive de la nation...

M. Georges Grosjean. — Par la milice !

Jaurès... en mettant en harmonie l'institution militaire avec les conditions de vie de la démocratie républicaine (*Applaudissements à l'extrême gauche et sur plusieurs bancs à gauche*), avec les conditions de croissance du prolétariat, afin que l'armée confondue avec le peuple, n'étant que le peuple même organisé pour sa défense et pour son salut, débarrassée de tout esprit de caste et de tout esprit de classe, apparaisse à tous comme la gardienne de la patrie, c'est-à-dire des libertés communes (*Applaudissements à l'extrême gauche et sur plusieurs bancs à gauche*) et non pas comme la gardienne du privilège et du capital. (*Nouveaux applaudissements à l'extrême gauche. — Mouvements divers.*)

En second lieu, ce que nous voulons avec la même fermeté, avec la même force, c'est accroître tous les jours l'union, l'action des prolétaires de tous les pays, afin que le prolétariat de l'Europe, par son action collective et combinée sur tous les gouvernements, prévienne le plus possible l'explosion des guerres (*Applaudissements à l'extrême gauche et à gauche*) et, si elles éclatent malgré lui, réduise à l'impuissance d'un bout à l'autre de l'Europe les gouvernements criminels qui auraient déchaîné la tempête (*Nouveaux applaudissements*), renverse un abominable système européen d'oppression et de désordre qui tient les sociétés sous la tyrannie de la concurrence anarchique, les travailleurs sous la tyrannie du capital, les peuples sous la tyrannie de la guerre. (*Applaudissements à l'extrême gauche*).

Enfin, comme signe de cet esprit nouveau européen, comme préparation de cet ordre meilleur, nous voulons que le Gouvernement de la République française propose à toutes les nations, pour le règlement des conflits qui peuvent surgir entre elles, la pratique systématique et universelle de l'arbitrage international. (*Applaudissements à l'extrême gauche et sur divers bancs à gauche.*)

M. Gauthier (de Clagny). — Proposez cela aux Allemands pour la conférence d'Algésiras. Quand vous les aurez convaincus j'applaudirai à vos paroles. (*Bruit*).

Jaurès. — Messieurs, j'ai un vaste et difficile sujet à exposer ; je ne veux me dérober, croyez-le bien, à aucune question, à aucune difficulté ; je demande seulement à mes collègues de ne pas en devancer et en troubler l'ordre par des interrogations hâtives.

Après avoir ainsi défini la politique du parti socialiste, je demande en quoi les événements récents nous conseillent de la modifier.

Que s'est-il donc produit et que nous ont-ils donc appris ?

L'Europe se croyait en paix, il n'y avait aucun peuple qui, dans sa volonté générale, nourrît une pensée de guerre.

L'empereur d'Allemagne, dans je ne sais quelle cité, rappelait les admirables vers d'un poète philosophe : « La vie extérieure est toujours limitée ; il n'y a que la vie intérieure pour les nations comme pour les individus qui puisse recevoir un développement indéfini. »

C'était la formule même du progrès humain dans la paix. Et, le lendemain, le même empereur partait pour ce voyage de Tanger qui apparut comme le prologue d'un vaste drame européen.

Du côté de la France, même surprise. Depuis des années, affirmation constante, loyale, sincère, universelle d'une volonté de paix ; et cependant, par je ne sais quel cheminement inconnu du pays et qui faisait dire à M. Calmette dans un article du *Figaro* intitulé « l'Alerte » : « L'étonnement du pays sera formidable », on apprenait brusquement que des imprudences insoupçonnées nous avaient acheminés vers des possibilités de conflit. Et, pendant que France et Allemagne, toutes deux, à l'exception de quelques groupes infimes et négligeables, une caste de hobereaux là-bas, quelques agités ici, pendant que France et Allemagne apprenaient que, malgré leur volonté profonde, un risque de guerre s'était produit, une partie de l'aristocratie capitaliste anglaise se penchait sur cette possibilité de conflit, et les travailleurs de tous les pays d'Europe, les travailleurs de France, d'Angleterre, d'Allemagne apprenaient que la paix du monde, malgré leur volonté certaine, était à la merci de combinaisons obscures ou d'incidents imprévus.

Quelle a été la conséquence de cette alerte ? Ah ! on a dit qu'elle avait réveillé en France surtout les énergies nationales ; et il y a, en effet, depuis quelques mois, dans le monde, un magnifique redoublement de défiances et de soupçons entre les peuples, d'armements onéreux et funestes.

L'Angleterre aurait à faire face à l'effroyable crise de chômage qui sévit sur sa classe ouvrière ; elle est obligée de consacrer encore un budget formidable au maintien de sa primauté navale qu'elle croit menacée. En Allemagne, c'est un accroissement soudain du budget de l'Empire de 250 millions par année. En France, au moment où, dans nos séances du matin, nous discutons les lois sur les retraites ouvrières qui exigeront de grandes ressources, c'est le renouvellement d'un vaste programme naval, ce sont des soucis de dépenses et de réfection pour la défense de la frontière.

Et lorsqu'ainsi, à la suite de ces événements, la classe ouvrière d'Europe, meurtrie par tant de charges, et qui a un intérêt vital, essentiel, au maintien et à l'affermissement de la paix pour le développement de la justice, lorsque cette classe ouvrière s'aperçoit que dans le régime d'aujourd'hui, par la faute des dirigeants, par la convoitise des classes privilégiées (*Exclamations au centre et à droite. — Applaudissements à l'extrême gauche*), la paix est menacée sans cesse, lorsqu'elle voit qu'elle aura à supporter sur son salaire, sur sa misère, dans sa chair même, les frais de cet état croissant et permanent de barbarie, comment voulez-vous qu'elle ne cherche pas, par l'union des prolétaires de tous les pays, par l'affirmation internationale de sa volonté de paix, comment voulez-vous qu'elle ne cherche pas à écarter ce péril et ce désastre ? (*Applaudissements à l'extrême gauche.*)

Elle sait, elle voit les causes profondes du danger ; elle voit, dans l'Europe mal démocratisée encore, des survivances funestes et menaçantes d'autocratie ; elle a vu, à l'Orient de l'Europe, des grands-ducs

déchaîner le formidable conflit d'Extrême-Orient par leurs convoitises
en Mandchourie et en Corée; elle voit, au centre de l'Europe, une
volonté hautaine et souveraine, qui n'est contrôlée que par elle-même,
qui n'a commis encore contre la paix de l'Europe aucune faute décisive
et irréparable, mais qui inquiète le monde par ses soudainetés. Et en
France même, dans ce pays où la démocratie est arrivée à la forme
suprême de la République, le prolétariat constate que, sous le couvert du
secret diplomatique, ont pu glisser, ont pu cheminer des desseins con-
traires à sa volonté de paix.

En même temps la classe ouvrière constate que c'est l'antagonisme
des intérêts dans le monde d'aujourd'hui, que c'est la lutte déréglée des
grands possédants, grands financiers, grands marchands (*Exclamations
à droite et au centre. — Applaudissements à l'extrême gauche et sur
divers bancs à gauche*), incapables de se contrôler eux-mêmes et cherchant à occuper par la force du canon ces marchés du monde qui ne
devraient se disputer que par la science et par la liberté; le prolétariat
s'aperçoit que là est la racine de tous les conflits qui menacent la sécurité du monde et la civilisation elle-même. Et alors il prend, il affirme la
résolution d'user, d'un bout à l'autre de l'Europe, de toute sa force politique, sociale, pour en finir avec un régime détestable et déplorable. Il
sait, par l'épreuve, qu'il ne suffit pas d'opposer à toutes ces forces de
convoitise et de conflit je ne sais quel rêve idyllique et quel hymne
impuissant à la paix.

Le grand poète antique a invoqué, en une image grandiose, la lyre
dorée dont l'harmonie endort, sur le sceptre de Zeus, l'aigle porteur de
la foudre. Cette invocation à la lyre apaisante et harmonieuse n'a jamais
suffi, et le prolétariat, si souvent foudroyé, veut maintenant arracher
son sceptre au dieu de l'orage et de la foudre, il veut arracher à l'autocratie et au capital leur puissance meurtrière et désordonnée. (*Applaudissements à l'extrême gauche et sur divers bancs à gauche*).

M. Paul Deschanel. — Je demande la parole.

Jaurès. — Comprenez donc, vous tous qui gouvernez l'Europe et qui
pouvez déchaîner sur elle la guerre et la tempête, à quelle épreuve, à
quelle torture vous soumettez la conscience du prolétariat! Il y a, de
plus en plus, une vie internationale.

M. Deschanel citait le mot de Gladstone, disant que tous les trains
qui franchissent les frontières tissent la trame de l'universelle solidarité.
Mais ce n'est pas un réseau purement matériel et mécanique qui se
crée, c'est entre les travailleurs de tous les pays une communauté de
sympathies profondes. Ils souffrent des mêmes souffrances, ils travaillent
à la même œuvre; d'un bout à l'autre de l'Europe, ils préparent la même
société; tous ensemble, d'une même espérance et d'un même effort, ils
veulent abolir ce salariat qui, suivant le mot de Chateaubriand, est la
dernière forme de l'esclavage. Ils se réunissent en de vastes congrès
politiques et corporatifs : mineurs de toutes les mines, tisseurs de tous
les tissages, verriers de toutes les verreries, ils se rassemblent, ils s'or-

ganisent, ils mettent en commun et les misères d'aujourd'hui et les combats et les espérances de demain. Peu à peu ils forment une même conscience, un même esprit, une même volonté, une même patrie de travail opprimé et d'espérance sociale.

Tout à coup, un ordre de mobilisation part de Saint-Pétersbourg, de Paris, de Berlin, de Londres, de Vienne ; le signal du combat est donné; le canon tonne, les frontières sont franchies, et tous ces hommes qui étaient la veille des frères, qui s'embrassaient dans la même espérance, vous les obligez à se ruer les uns contre les autres ; la chasse est ouverte, la chasse des hommes contre les hommes, et c'est la conscience même du prolétariat qui est la proie, c'est elle qui est divisée, c'est elle qui est dépecée et la guerre jette à toutes ses meutes les lambeaux misérables de ce vaste cœur déchiqueté. Eh bien ! c'est là ce que le prolétariat ne peut plus souffrir (*Applaudissements à l'extrême gauche*).

C'est là ce qu'il ne peut plus souffrir sans une véhémente et décisive protestation. Prenez-y garde ! Vous lui demandez bien plus que la vie ; si vous ne lui demandiez que la vie et pour une grande cause, pas un instant il n'hésiterait.

Ah ! qu'on ne parle pas des tueurs de courage et des amollisseurs de volontés : le prolétariat, sans compter, a toujours donné sa vie dans les grandes batailles, pour les grandes révolutions humaines dont il ne pouvait espérer qu'un bénéfice lointain, pour l'indépendance même des patries où une suffisante part ne lui était pas faite ; et même dans la paix, c'est lui qui s'expose tous les jours, les mineurs au fond des mines à grisou, les couvreurs au bord des toits vertigineux ; tous pour les œuvres fécondes, librement, joyeusement, familièrement, ils exposent leur vie tous les jours.

Ne croyez pas que la grande pensée de paix, que la grande volonté de paix qui s'élève, tous les jours plus impérieuse, de la classe ouvrière de l'Europe, procède d'une volonté débilitée. Ce n'est pas le sacrifice de l'existence, c'est le sacrifice de ce qui est supérieur à toute existence, c'est le sacrifice de leur conscience même, c'est le sacrifice de leur idéal même, c'est le sacrifice de la magnifique humanité de travail pour laquelle ils sont prêts à mourir, que vous leur demandez dans les guerres folles et fratricides que vous déchaînez témérairement. (*Applaudissements à l'extrême gauche et à gauche*).

Voilà pourquoi ils luttent, voilà pourquoi ils protestent, voilà pourquoi ils s'organisent nationalement et internationalement. Ne dites pas que c'est là une chimère, que la classe ouvrière européenne n'est point encore assez organisée pour lutter, toute ensemble, contre les risques de guerre, et que la France serait exposée à faire, toute seule, les frais d'une expérience pacifique, téméraire et prématurée.

Ah ! messieurs, je sais que là est le grand problème, et je ne peux moi-même relire sans mélancolie les paroles qu'écrivait Proudhon, en 1863, dans son admirable livre de la *Capacité des classes ouvrières*.

Il y disait : Je me garderai bien d'affliger, d'un seul mot, cette classe ouvrière qui, en Angleterre, en Allemagne, en France, travaille à prévenir toute guerre entre ces trois grands pays, et je sais trop bien, par la dure leçon de l'histoire, qu'elle n'y a point réussi.

C'est là ce qui fait le drame de la vie humaine, de l'histoire humaine, qu'à l'heure où des besoins nouveaux se manifestent, où des fonctions nouvelles apparaissent, et où l'humanité a besoin d'un organe régulateur et pacificateur, on ne soit pas sûr encore que cet organe soit créé avec une efficacité suffisante. Pourtant, messieurs, si vous regardez, de 1863 à 1905, le progrès de croissance et de conscience du prolétariat européen, vous serez obligés de reconnaître qu'il y a là une force d'équilibre et de paix sur laquelle, heureusement, les démocraties peuvent et doivent compter.

En Angleterre, la croissance des trades-unions, de 1863 à aujourd'hui, a été formidable et l'influence de la classe ouvrière organisée s'y développe à ce point que, dans la majorité libérale de demain, les quarante ou cinquante représentants prévus du comité ouvrier seront un élément nécessaire ; et vous savez, messieurs, par la volonté de paix que les délégués de la classe ouvrière anglaise sont venus formuler ici, à Paris, en pleine tourmente...

M. Jules Auffray. — Est-ce qu'ils ont désavoué la guerre du Transvaal ?

Francis de Pressensé. — Mais oui ; vous n'avez qu'à consulter l'histoire.

Jaurès. .. vous savez bien que cette classe ouvrière anglaise sera en Europe une force de paix.

Et dans cette Russie, où le peuple semblait enseveli à jamais dans ce que le grand écrivain russe a appelé la puissance des ténèbres, voyez avec quelle force, avec quelle efficacité le prolétariat russe commence à revendiquer son droit à la liberté. (*Applaudissements à l'extrême gauche*).

Une voix à droite. — C'est un bel exemple de paix !

Jaurès. — Cette Russie populaire, elle aussi, ne pourra se développer qu'en contribuant en Europe au développement de la paix.

Et dans cette Autriche-Hongrie, jusqu'ici somnolente, aristocratique et cléricale, vous voyez que c'est la classe ouvrière qui exige, qui conquiert le suffrage universel.

Mais en Allemagne même — je veux ici m'expliquer en réponse à M. Deschanel — c'est, qu'il me permette de le dire, une sorte de lieu commun de polémique dirigée contre nous, que tandis que nous, socialistes français, nous affirmons une volonté de paix et une politique internationale, les socialistes allemands sont obsédés, à leur insu, par une sorte de chauvinisme orgueilleux et que leur socialisme même a un caractère nationaliste.

Voilà ce que vous dites ; voilà ce que nos adversaires nous répètent sans cesse.

Et il me suffirait, pour réfuter ce sophisme, de vous rappeler que tandis qu'ici vous nous signalez les socialistes allemands comme des modèles de patriotisme, c'est nous qui sommes signalés aux socialistes allemands par les autorités de l'Empire, comme des patriotes sur lesquels ils feraient bien de se régler.

M. Gauthier (de Clagny). — La parole s'appliquait à M. Millerand.

Jaurès. — Mais de quel droit dites-vous que la classe ouvrière allemande, le parti socialiste allemand, n'agirait pas, dès aujourd'hui, en Europe, dans le sens de la démocratie et de la paix ? Ah ! que leur puissance politique ne soit pas encore proportionnée à leur nombre, que, dans cet empire où le suffrage universel n'a pas été conquis par le peuple, mais lui a été accordé de haut, l'influence politique du prolétariat socialiste ne soit pas proportionnelle au nombre de ses suffrages, oui, à l'heure présente je vous l'accorde encore, mais ce que vous devez reconnaître, ce que nous devons proclamer à cette tribune, c'est que toutes les fois que les rapports internationaux ont été discutés, toutes les fois que la paix de l'Europe a été en jeu, c'est pour la démocratie, pour la liberté des nations, c'est pour la paix générale que les socialistes allemands ont lutté avec un indomptable courage. *(Applaudissements à l'extrême gauche).* Je ne devrais pas avoir besoin de rappeler, dans une Chambre française, que les chefs du socialisme allemand ont, en 1870, en 1871, affronté l'orgueil déchaîné d'un peuple vainqueur, pour lui rappeler la nécessité de la justice.

Je ne devrais pas avoir besoin de rappeler que, pour avoir protesté contre la conquête et l'annexion brutale, Bebel, que M. Deschanel m'opposait l'autre jour, a été condamné, pour crime de haute trahison, à deux années de forteresse. *(Applaudissements à l'extrême gauche).*

Je ne devrais pas avoir besoin de rappeler que, depuis lors, contre Bismarck, toutes les fois qu'il a demandé contre nous des crédits militaires, le peuple socialiste s'est élevé, a protesté, a dit : Non.

Les autres partis d'opposition, comme le centre catholique, n'ont fait qu'une opposition provisoire, qui leur a fourni avec l'empire une occasion de marchandages. Et maintenant, ce sont eux qui prennent l'initiative des demandes et des votes de crédits. Mais il y a un parti qui est resté inflexible et intransigeant, un parti qui dit non au militarisme, non au budget de la guerre, non à l'armée, un parti qui, aujourd'hui encore, a entrepris dans toute l'Allemagne contre les impôts nouveaux, aliment possible de guerres nouvelles, une vaste protestation et une vaste agitation. C'est le parti socialiste allemand, dont nous sommes solidaires. *(Applaudissements à l'extrême gauche).*

M. Lucien Millevoye. — Plus maintenant et pas hier, depuis le discours de M. de Bülow.

Jaurès. — Ah ! messieurs, je recueille avec joie l'interruption de M. Millevoye. Elle me montre combien peuvent abonder les malentendus, même avec des hommes qui, par vocation, je dirais presque professionnellement, suivent d'aussi près que notre éminent collègue les choses du dehors. Il me dit : Plus maintenant, plus depuis le discours de M. de Bülow, contre lequel aucun socialiste n'a protesté. Vous êtes, mon cher collègue, en retard d'un télégramme et d'un discours. *(Très bien ! très bien ! à l'extrême gauche).*

Heureusement pour moi, votre vigilance patriotique a sommeillé pendant vingt-quatre heures et je peux la prendre en défaut. Oui il a été fait à M. de Bülow une réponse, et la plus véhémente, la plus hardie qui ait jamais été opposée à l'empire dans le parlement allemand. C'est Bebel qui s'est dressé ; il a protesté de la volonté pacifique de l'Allemagne à l'égard de la France, à l'égard de l'Angleterre ; il a signalé la colère croissante du peuple sous le fardeau croissant d'impôts dont l'accable une politique de privilèges, d'autorité et de guerre, et ce discours que vous n'avez pas encore lu, mais que toute l'Allemagne a lu, que toute l'Europe aura lu demain, se termine par des paroles décisives dont je peux vous reproduire, d'après le compte rendu presque complet de la *Gazette de Cologne*, le texte littéral.

Bebel, sous les huées, sous les tempêtes, a dit au parti conservateur, au gouvernement de l'empire : Prenez garde ! Le peuple est fatigué ; l'heure est grave ; l'ouvrier allemand, maté par la coalition des junkers, exploité par un budget croissant de guerre, l'ouvrier allemand est fatigué d'être un ilote. Réfléchissez ; l'ébranlement révolutionnaire qui se produit en Russie, a un retentissement dans la conscience de l'ouvrier allemand, qui commence à se demander si les souverains de l'Europe centrale ne doivent pas être traités par le prolétariat comme l'ont été les souverains de l'Europe orientale. (*Applaudissements à l'extrême gauche*).

Marcel Sembat. —, Les républiques aussi.

Jaurès. — Bebel a conclu : Ecoutez un dernier avertissement. Jusqu'ici, l'ouvrier allemand a défendu toujours la patrie allemande ; mais si vous continuez à en faire une patrie de servitude, de privilège et d'ilotisme, l'ouvrier allemand se demandera s'il vaut la peine pour lui de défendre cette patrie. (*Exclamations et mouvements divers au centre. — Applaudissements à l'extrême gauche et à gauche*).

J'admire, messieurs du centre, votre patriotisme international (*Applaudissements à l'extrême gauche*), et je vous remercie d'avoir porté sur les socialistes allemands, affirmant leur foi internationaliste, l'indignation que jusqu'ici vous nous réserviez. (*Applaudissements à l'extrême gauche*).

Ah ! nous avons maintenant le secret de votre colère patriotique. Jusqu'ici vous nous disiez : « Oui, vous vous livrez à ces rêves de paix, de démocratie, d'internationalisme, et pendant ce temps les prolétaires allemands consentiront à être, contre la France républicaine, les instruments de l'autocratie de l'empire. » Vous nous disiez cela ; vous ajoutiez même : « Allez donc prêcher vos doctrines en Allemagne. » Et le jour où il apparaît que nous n'avons pas besoin de les y prêcher, le jour où il apparaît que ce sont les socialistes allemands qui, malgré la force effroyable de compression dont dispose l'empire, malgré les souvenirs des luttes atroces, des souffrances inoubliables subies pendant la longue période de l'état de siège bismarckien, se dressent là bas et jettent en plein Reichstag le défi à la guerre, le défi au budget de la guerre, le défi à l'empire, ah ! votre patriotisme devrait être rassuré, mais votre conservatisme s'émeut et vous vous dites : Que fera donc cette Europe ? (*Vifs applaudissements à l'extrême gauche et sur divers bancs à gauche. — Mouvements divers au centre*).

M. Lucien Millevoye. — Personne ne vous a interrompu, Monsieur Jaurès *(Exclamations à l'extrême gauche).*

A qui vous êtes-vous adressé ?

M. Louis Barthou. — Monsieur Millevoye, vous avez droit à un exemplaire de luxe du discours de M. Jaurès *(Bruit).*

Jaurès. — Eh bien ! messieurs, quoique l'interruption de M. Millevoye et la réponse immédiate que j'y ai pu faire en lui opposant le discours d'hier de notre camarade allemand Bebel... *(Applaudissements à l'extrême gauche et à gauche).*

Thivrier. — Notre ami !

Meslier. — Oui, notre ami !

Jaurès... quoiqu'elle me dispense de pousser sur ce point ma démonstration, je ne peux cependant pas laisser dire comme on l'a dit ici, qu'au congrès d'Iéna, c'est une sorte de politique de nationalisme allemand discret qui a prévalu. C'est une erreur manifeste. On a exploité le rejet par le congrès de la motion de Bernstein ; elle n'avait en rien le sens que des agences singulièrement tendancieuses lui ont donné, et le vote du congrès n'avait, à aucun degré, la signification que les polémiques de notre presse lui ont donné.

Bernstein, dans sa motion, regrettait que dans toutes les questions de politique extérieure, dans celle du Maroc comme dans les autres, le gouvernement allemand eût manqué d'égards envers les partis représentés au Reichstag, et le congrès a repoussé cette motion en proclamant qu'il n'était pas de la dignité du prolétariat allemand de protester contre le manque d'égards des autorités de l'Empire envers le Reichstag.

Le congrès a proclamé que les assemblées avaient des gouvernements les égards auxquels elles avaient droit et que si l'empire traitait de haut les partis du Reichstag, c'est parce que dans les partis du Reichstag, il n'y avait ni fermeté, ni indépendance.

Voilà le vote qui a été émis et qui a été singulièrement dénaturé ici et l'on a oublié de dire que ce qui caractérise le congrès d'Iéna, ce qui, joint au discours de Bebel d'hier, donne sa signification actuelle à la politique socialiste allemande, c'est que le prolétariat socialiste allemand, sous l'influence des événements, par des nécessités nouvelles, passe de plus en plus de la période de propagande, de recrutement et d'organisation à la politique d'action.

Pour la première fois, au Congrès d'Iéna, le prolétariat socialiste s'est rallié pour la défense du suffrage universel, éventuellement menacé, à l'idée de la grève générale. *(Applaudissements à l'extrême gauche).* Et en ce moment même, dans cette Saxe où il a six ans, pour les élections au Landtag, le suffrage universel avait été arraché au peuple sans qu'il protestât ; à l'heure présente, dans les rues de Chemnitz, de Dresde, par masses de 120.000 hommes les ouvriers revendiquent, dans les rues, la restitution du suffrage universel. C'est un souffle d'action, c'est un souffle de libération qui passe en ce moment sur l'Allemagne ouvrière et socialiste, comme sur toute l'Europe, qui viendra sur vous, qui est déjà venu sur vous et qui vous obligera à une œuvre sociale plus active et plus hardie. (*Applaudissements à l'extrême gauche*).

Et c'est à l'heure où le prolétariat socialiste et l'Allemagne affirme sa pensée internationale, sa volonté d'action, sa solidarité effective avec les travailleurs de tous les pays, que vous les dénoncez à la France comme des complices du nationalisme et du militarisme de l'empire ! Ce serait une illusion, si ce n'était pas un calcul.

La vérité est que, dès maintenant, d'un bout à l'autre de l'Europe, de Pétersbourg et de Moscou à Londres par Berlin, une force ouvrière internationale se constitue, s'organise, qui peut devenir une garantie efficace de paix européenne et de progrès social. (*Très bien ! très bien ! à l'extrême gauche. — Rumeurs au centre et à droite*).

Quelque obscur que puisse être encore à l'heure présente l'horizon quelles que soient les difficultés possibles de demain, que nous n'avons jamais niées, que nous n'avons rien fait, nous, pour aggraver par des imprudences et par des fanfaronnades, que nous avons au contraire — nos plus grands adversaires seront obligés dans l'histoire de nous en rendre le témoignage — signalées, prévues, quand il était temps encore, quelles que puissent être ces obscurités et ces difficultés, j'espère avec vous tous que la paix sera maintenue.

Entre la France et l'Angleterre, il y a quelques années, les rapports étaient singulièrement tendus ; ils l'étaient au moins autant qu'ils le sont à l'heure présente entre l'Angleterre et l'Allemagne ; et pourtant, par la bonne volonté des deux pays, peu à peu, ces difficultés ont été réglées, ces antagonismes ont été apaisés et aux difficultés d'hier, aux hostilités d'hier s'est substituée cette admirable entente cordiale...

Edouard Vaillant. — Très bien !

Jaurès... que nous voulons maintenir dans la plénitude de son sens de liberté et de son sens de paix. (*Applaudissements à l'extrême gauche et sur divers bancs à gauche*).

Et si le conflit menaçant entre la France et l'Angleterre a été dénoué, pourquoi, maintenant que l'attention du monde est éveillée sur tous ces périls, pourquoi le conflit possible entre l'Angleterre et l'Allemagne ne serait-il pas prévenu ?

Il y a quelques jours, dans un banquet donné à Londres par des Anglais amis de la paix à l'ambassadeur d'Allemagne, celui-ci a dit cette forte parole, qu'entre l'Allemagne et l'Angleterre toute guerre serait « une criminelle folie ». Cette parole de la diplomatie, c'est le prolétariat anglais, c'est le prolétariat allemand qui la recueillent pour en faire une vérité avec la force et la volonté unanime des travailleurs de tous les pays.

Et voyez, messieurs ! Il y a vraiment à notre bénéfice d'admirables coïncidences ! Tout à l'heure l'honorable M. Millevoye m'en a fourni une. Mais ces jours-ci, de quelle façon, à cette tribune même et dans la presse a-t-on raillé le pacifisme et l'arbitrage !

M. le marquis de La Ferronnays. — Ah ! oui, parlons-en !

Jaurès. — Parlons-en ! me dit-on avec un à-propos admirable que je signale au Président Roosevelt. (*Applaudissements et rires à l'extrême gauche.*)

On raillait l'arbitrage, la cour de la Haye...

M. Lasies. — On ne s'est jamais tant battu que depuis !

Jaurès... jamais il n'y avait eu plus de menaces de guerre que depuis que M. d'Estournelles de Constant — on néglige M. Léon Bourgeois — s'est préoccupé de l'arbitrage.

Je le demande au Gouvernement, je le demande à M. le ministre des affaires étrangères, président du conseil, et à tous ceux de nos collègues qui raillent comme impuissante ou comme dangereuse la cour de la Haye : Qu'allez-vous faire en réponse à la communication officiellement annoncée du président Roosevelt ?

Ah! je sais bien qu'il a pris ses précautions; il vous a donné de bonnes paroles; il nous a dit à nous, à tous ceux qui veulent la paix complète et définitive, il nous a dit des paroles dures : De même, a-t-il déclaré, qu'il y a des démagogues de la guerre, il y a des démagogues de la paix.

S'il entend par démagogues de la paix ceux qui, à travers toutes les difficultés, tous les outrages, persisteront à la proclamer nécessaire et possible par l'action internationale des salariés de tous les pays, de ces démagogues nous sommes. (*Applaudissements à l'extrême gauche.*)

M. Paul Coutant (Marne). — Cela n'a pas empêché les Américains de faire la guerre à Cuba et aux Philippines.

Jaurès. — Les mots n'importent pas, les épithètes n'importent pas. Ce qui importe, c'est le fait; or le fait est celui-ci...

Au centre. — C'est la guerre contre l'Espagne.

Jaurès. — L'ancienne conférence de la Haye avait été réunie, convoquée avec ce programme formulé par le tsar; étudier la limitation simultanée des armements.

M. Charles Benoist. — Il y a vingt ans qu'on en parle !

Voix au centre. — Il y a bien réussi !

Jaurès. — Cette partie du programme avait été écartée par la conférence, qui n'y avait répondu que par une sorte de vœu incertain et platonique.

Voici maintenant un président de la République américaine, dont vous dites vous-mêmes qu'il n'a pas un esprit chimérique et dont vous savez qu'il a une volonté ferme, un homme qui ne formule un programme que parce qu'il a la résolution bien nette et l'espérance de le faire aboutir. Et quel est ce programme ? C'est de proposer de nouveau, avec plus de précision que jamais, à la conférence de la Haye, la limitation simultanée des armements, un ensemble de dispositions tendant à empêcher — je cite les textes mêmes — « que dans les conflits prochains l'épée soit l'arbitre des conflits entre les nations ».

M. Georges Berthoulat. — Et il augmente sa flotte !

Jaurès. — Vous avez beau me dire qu'il augmente sa flotte, qu'il accroît son armée. Plus vous proclamerez, monsieur Berthoulat, qu'il est un impérialiste, qu'il est un homme d'esprit positif, tenant compte des réalités présentes, plus vous serez obligé d'attacher comme moi de l'importance à la motion par laquelle ce réaliste propose au monde le désarmement simultané et l'arbitrage international. *(Applaudissements à l'extrême gauche. — Mouvements divers.)*

M. le comte de La Bourdonnaye. — C'est du bluff !

M. Charles Benoist. — Quelle sera la sanction ?

Jaurès. — Permettez-moi, messieurs, de vous le dire, je ne puis comprendre la résistance que vous m'opposez.

M. Georges Berthoulat. — Je voudrais préciser, en ce qui touche cette question, le caractère du président Roosevelt. Voici ce qu'il disait dans son message de 1903, alors qu'il était candidat à l'élection présidentielle :

« Si les grandes nations de notre époque se mettaient toutes à désarmer, il en résulterait, sous une forme ou sous une autre, une recrudescence immédiate de barbarie. » *(Applaudissements à droite et au centre.)*

Veuillez apprécier cette déclaration.

M. Lasies. — Demandez-lui de rendre Cuba aux Espagnols et vous verrez, monsieur Jaurès.

Jaurès. — Messieurs, vous ne me découragerez pas, et ce n'est pas par des bouts de citation...

M. Georges Grosjean. — C'est cependant ce que vous faites souvent ! M. Clémenceau vous l'a assez dit avant nous.

Jaurès... que vous m'empêcherez de préciser ici la question et de poser le problème. Je ne comprends pas la résistance que vous m'opposez.

C'est vous qui déclarez sans cesse que, quoique la paix universelle soit un idéal excellent, il convient, dans la situation présente et tant que dure entre les nations le régime de la guerre, que chaque nation prenne les précautions nécessaires et reste armée. Le président Roosevelt dit : « Dans l'état présent du monde, une nation, une seule nation ne peut pas affaiblir sa force d'armement ».

Sur divers bancs au centre. — Ce n'est pas ce qu'il a dit.

M. Georges Berthoulat. — Il a dit : « Si toutes les nations se mettaient à désarmer... ».

Jaurès. — Et il ajoute qu'il y aurait péril à procéder d'emblée, sans précaution, au désarmement simultané total. Mais en même temps... *(Interruptions au centre et à droite).*

Je constate combien cette intervention décisive et nouvelle du président de la République des États-Unis en faveur de l'arbitrage...

M. Georges Grosjean. — Vous lui faites dire ce qu'il n'a pas dit.

Jaurès. — J'apporterai à cette tribune...

Sur divers bancs. — C'est cela ! A vendredi !

Jaurès. — Je suis à la disposition de la Chambre, soit pour terminer ce soir mon discours, soit, si elle le préfère, pour remettre à un autre jour la suite des explications encore assez étendues que j'ai à lui donner.

M. le Président. — M. Jaurès accepte de remettre la suite de son discours à une prochaine séance.

(Jaurès, en descendant de la tribune, est accueilli par de vifs applaudissements à l'extrême gauche et sur divers bancs à gauche).

Jaurès. — Messieurs, j'ai essayé l'autre jour de définir à grands traits la politique internationale du socialisme. J'ai montré comment l'union, l'action croissante des prolétaires de tous les pays nous offraient une première garantie, une première espérance de paix.

J'ai ajouté qu'elle n'était pas la seule et que déjà, par la force irrésistible des idées, en dehors même du cercle tous les jours agrandi du prolétariat organisé, les intérêts et les consciences commençaient à s'émouvoir des épouvantables conséquences morales et matérielles de la guerre.

Le monde capitaliste, par son désordre essentiel, par l'antagonisme chronique de ses intérêts, porte en lui-même un principe de guerre ; mais il est si divisé que la guerre ne répond jamais à l'ensemble des intérêts et que lui-même commence à s'inquiéter de cette insécurité permanente.

C'est dans ce sens que le président de la grande république des Etats-Unis intervient avec une insistance croissante pour demander aux gouvernements et aux peuples la substitution graduelle de l'arbitrage aux méthodes barbares de résolution des conflits.

Messieurs, je ne veux ni forcer ni diminuer le sens de cette intervention de M. Roosevelt ; et pour qu'il ne puisse pas y avoir de malentendu, pour que vous ne puissiez pas m'accuser d'exagérer et de forcer le sens de son intervention, je vous demande la permission de lire ici, d'après le journal le *Temps*, le texte intégral de la portion du message qui est relatif à la question de l'arbitrage et de la limitation des armements :

« La convocation d'une nouvelle conférence de la Haye est maintenant certaine. Le gouvernement des Etats-Unis fera tous ses efforts pour en assurer le succès dans l'intérêt de la paix, de la justice et de la cordialité internationales.

« Notre but est l'équité ; la paix est normalement la compagne de l'équité, mais lorsque la paix et l'équité sont en conflit, un peuple grand et honnête ne peut pas, un seul instant, hésiter à suivre le chemin qui va du côté de l'équité, alors même que ce chemin mène aussi à la guerre… » *(Très bien! très bien ! au centre et sur divers bancs.)*

» Dans l'état où est actuellement le monde, une nation n'est équipée pour la paix que si elle sait combattre, et elle n'évitera jamais de combattre si la situation est telle que la guerre soit demandée au nom de la plus haute moralité.

» Mais, bien que nous reconnaissions ce fait très clairement, il est néanmoins évident que notre devoir est de nous efforcer par tous les moyens possibles de rendre proche le moment où le glaive ne sera plus l'arbitre des nations.

» Pour le moment nous agirons d'une façon pratique en essayant de réduire au minimum les cas dans lesquels il doit être l'arbitre, et en offrant en outre à toutes les puissances civilisées, un procédé qui puisse remplacer la guerre, au moins dans un nombre considérable de cas. On pourra faire beaucoup dans ce sens par une autre conférence de la Haye, et j'exhorte très sérieusement notre nation à faire tous ses efforts pour essayer de favoriser le mouvement dont il s'agit et de rendre efficaces les résultats des décisions de la conférence.

» Je souhaite vivement que la conférence puisse faire de l'arbitrage le moyen usuel d'aplanissement des différends internationaux dans tous les cas, à l'exception de quelques-uns qu'elle limitera aussi strictement que le permettra l'état gouvernemental et social actuel du monde.

» On devra, si cela est possible, négocier un traité général d'arbitrage qui sera conclu entre toutes les nations représentées à la conférence. Les droits et les biens des neutres devront être protégés sur mer comme ils le sont sur terre.

» Il faudra conclure une entente internationale à ce sujet et un arrangement semblable en vue de définir la contrebande de guerre. Je désire sincèrement et sérieusement la paix, et je désire aussi réellement et vivement que la conférence de la Haye contribue grandement à assurer la paix et la justice dans le monde. Aucun sujet n'est plus digne de l'attention d'un homme d'État que l'établissement d'une méthode plus sûre que celle qui existe à présent pour garantir la justice entre les nations, tant pour protéger les petites nations que pour prévenir la guerre entre les nations importantes. »

M. Aynard. — N'est-il pas question aussi de la limitation des armements, à la fin ?

A droite. — Il faut tout lire !

Jaurès. — Il y a en effet un autre passage... (*Ah ! ah ! au centre.*) Messieurs, j'apporte le texte en toute loyauté et en toute sincérité...

M. Aynard. — Je n'insiste pas.

Jaurès. — ... et c'est à mon détriment, à mon désavantage que je ne retrouve pas en ce moment le passage relatif à la limitation simultanée et concertée des armements.

Mais, messieurs, ce que je retiens du document que je viens de vous lire, c'est l'effort nouveau tenté en faveur de la pratique systématique et universelle de l'arbitrage par le chef d'une grande nation libre.

On nous a souvent objecté par raillerie que jamais les différends ou les menaces de différends entre les peuples ne s'étaient aussi dangereusement développés que depuis que s'est développée la propagande pour la paix et pour l'arbitrage.

Messieurs, il y a dans cette objection un singulier renversement des causes et des effets. C'est au moment où les nations, dans la période présente, se sentent le plus menacées par la possibilité de conflits prochains par le choc imminent et redouté des forces nationales, c'est à ce moment que, par un instinct de conservation, elles essaient précisément de développer les pratiques de paix, les pratiques d'arbitrage. Elles ne réussissent pas toujours, elles ne réussissent pas nécessairement à prévenir par là des conflits ; mais il est singulier d'imputer à ces nécessaires tentatives d'arbitrage et de paix l'explosion des guerres qu'elles n'ont pu encore prévenir.

Messieurs, on nous a dit encore : Ce sont là des choses anciennes et dont la stérilité est constatée.

Un de nos collègues nous disait : Mais il y a vingt ans qu'il est question de ces choses !

M. Charles Benoist — Et plus.

Jaurès. — Et son interruption est au *Journal Officiel.*

M. Charles Benoist. — Je la rectifie.

Jaurès. — Vous la maintenez, mais vous n'avez pas fait dans votre sens, monsieur Charles Benoist, la mesure assez large.

M. Charles Benoist. — Il y a cinquante ans et plus.

Jaurès. — Il y a plus de vingt ans, et Napoléon III lui-même avait rêvé d'un congrès de désarmement...

M. Lasies. — Oui, en janvier 1856.

Jaurès. — ...et M. Thiers, dans son célèbre discours sur la question romaine, regrette que la pratique de l'arbitrage ne soit pas encore dans les mœurs des nations.

Mais que prouve ce long effort et l'inanité au moins apparente de ce long effort ? Est-ce que vous prétendez conclure de ces échecs répétés de la pensée de l'arbitrage qu'elle est vouée à une impuissance définitive ? Et c'est vous, hommes de l'évolution, hommes du progrès lent, qui nous feriez cette objection ! Mais il n'y a pas à l'heure présente, dans le monde, une seule grande institution qui n'ait subi, avant de s'établir, avant de s'imposer, l'épreuve d'une longue période de préparation, d'une longue période d'impuissance apparente, l'épreuve d'échecs multipliés.

Lorsqu'en 1870, la République a été proclamée une troisième fois, c'était, j'imagine, après bien des éclipses, après bien des avortements. Eh bien, de même que la démocratie, de même que le suffrage universel, de même que la République, c'est-à-dire de même qu'un commencement de justice et de garanties entre les citoyens d'un même peuple a fini par s'établir contre tous les obstacles, à travers toutes les déceptions, de même l'arbitrage, la paix fondée sur le droit, c'est-à-dire la justice entre les peuples, après bien des tentatives manquées, après bien des avortements misérables, après bien des déceptions douloureuses, s'établira aussi ; car l'humanité ne progresse, en effet, que par étapes et à travers les douleurs. *(Applaudissements à l'extrême gauche).*

Et alors, messieurs, la question est de savoir non pas si, d'emblée, l'arbitrage s'est établi entre nations, non pas si, d'emblée, la raison a pu se substituer à l'arbitraire et à la force dans le rapport des peuples, mais la question est de savoir si, aujourd'hui, à l'heure où nous sommes, avec la responsabilité qui pèse sur nous, nous allons seconder ou contrarier les tentatives nouvelles d'arbitrage qui se produisent dans le monde. *(Applaudissements à l'extrême gauche).*

C'est le chef d'une grande nation, c'est le chef d'une grande démocratie qui en prend l'initiative et je persiste à déplorer que l'initiative ne soit pas venue de la France républicaine. *(Applaudissements sur les mêmes bancs).*

Edouard Vaillant. — Très bien !

Jaurès. — Mais je vous demande — c'est la seule question posée — maintenant que l'initiative est prise solennellement par le président Roosevelt, maintenant que la France va être convoquée à une nouvelle conférence de la Haye, qui aura à son programme l'arbitrage, un traité d'arbitrage universel en vue de la paix et de l'arrêt de la croissance des armements, quelle réponse allez-vous faire ? C'est là ce que je demande au Gouvernement. C'est ce que je demande aussi aux partis qui affectent de railler notre idéal.

Allez-vous répondre à cette convocation par une sorte de scepticisme railleur et de défiance outrageante, ou allez-vous vous associer à cette tentative en collaborateurs de bonne volonté et de bonne foi ?

Si vous ne le faites pas, et s'il est entendu que vous n'avez qu'ironie, d'une part, pour la tentative d'organisation et d'action des prolétaires de tous les pays ; d'autre part, pour la tentative d'arbitrage qui vient de la République américaine, quel recours, messieurs, vous restera-t-il contre le déchaînement des guerres et quelle espérance aurez-vous jamais de mettre un terme, ou à ces conflits barbares, ou à cet état de paix armée qui est presque aussi barbare et aussi accablant que la guerre elle-même ? *(Applaudissements à l'extrême gauche).*

Et si vous continuez à vivre dans cet état d'insécurité, si vous écartez, si vous bafouez toutes les forces, organisation ouvrière internationale d'un côté, initiative démocratique de l'autre, qui peuvent mettre obstacle au régime de la violence et de la guerre, prenez garde, ou plutôt prenons garde tous ensemble.

Aujourd'hui, sachez-le bien, sachons-le bien, toute grande commotion européenne sera inévitablement le signal de grandes commotions sociales ; la guerre créera nécessairement, inévitablement, en Europe, une situation révolutionnaire.

Vous l'avez vu par l'exemple récent de la Russie : toutes les fois qu'une société porte en elle des principes de conflits intérieurs, toutes les fois qu'il y a des luttes ardentes non seulement entre les partis, mais entre les classes, toutes les fois qu'un monde nouveau essaye de s'organiser, d'arriver à la lumière et au pouvoir, si cette société est surprise à l'état de conflit intérieur par le drame de la guerre extérieure, tous les éléments de conflit qu'elle porte en elle éclatent irrésistiblement.

Je le répète, vous en avez vu l'exemple en Russie. Et là, messieurs, il y avait pour ceux qui sont attachés au progrès humain une sorte de consolation, car il est possible d'imaginer que, dans l'état d'ensevelissement où était la liberté du peuple russe, la commotion d'une guerre extérieure était nécessaire à la résurrection du peuple ; mais dans l'Europe centrale et occidentale, là où la classe ouvrière dans la démocratie, dans un commencement de liberté, commence à s'organiser normalement pour la conquête du pouvoir et, pour la transformation sociale, la guerre extérieure provoquera sûrement de vastes et profondes commotions, mais des commotions inutiles, des commotions funestes, parce que les éléments de réaction, de dictature, de nationalisme sauvage se heurteront aux éléments révolutionnaires, et dans cette confusion sanglante, dans ce chaos détestable, la révolution sociale continuera sans doute son chemin, mais trébuchante, à demi-aveugle, grisée d'une inévitable fureur.

Et nous, messieurs, que vous dénoncez comme des hommes de violence, nous qui voulons organiser la lutte efficace de la classe ouvrière contre le privilège du capital, nous voudrions, au moins, écarter de cette lutte nécessaire et féconde tous les troubles, tous les désordres, toutes les violences sauvages, tout le mélange de réaction et de fureurs que la guerre extérieure déchaînerait aujourd'hui dans les sociétés européennes. *(Applaudissements à l'extrême gauche et sur divers bancs à gauche).*

Mais, enfin, si ce drame éclate, si les dirigeants de l'Europe, par leur imprévoyance ou par leur égoïsme, soumettent le monde a cette détestable épreuve, quels seront, messieurs, l'attitude et le devoir du prolétariat? Son devoir sera double et il aura besoin de tout le génie qu'il a déjà développé depuis un siècle dans l'histoire pour suffire à l'immensité de sa double tâche. Il devra, par un double effort, promouvoir, faire surgir dans cette tourmente un ordre social nouveau affranchissant le travail et organisant la paix, et, en même temps, il devra veiller à ce que l'indépendance nécessaire des nations, l'intégrité nécessaire des patries ne fasse pas les frais de la catastrophe déchaînée par l'imprévoyance des dirigeants.

Toujours, depuis cent vingt années, toutes les fois qu'il y a eu en Europe une grande crise mêlée de guerre extérieure et de révolution intérieure, toujours la classe ouvrière européenne, excellemment la classe ouvrière française, a veillé, a suffi à ce double devoir : créer un ordre nouveau de justice sociale et sauver l'indépendance de la nation.

C'est l'œuvre des prolétaires de France au 10 août 1792 ; du même coup ils abattent avec la royauté les vieilles puissances d'arbitraire et d'oppression, et ils refoulent l'envahisseur appelé sur le pays par la royauté traîtresse.

Un peu plus tard, au 31 mai 1793, le peuple ouvrier de Paris s'aperçoit que la Révolution est confisquée, débilitée par la nouvelle aristocratie bourgeoise dont les Girondins étaient les chefs, et il fait contre la Convention, contre la partie girondine de la Convention, les journées du 31 mai et du 1ᵉʳ juin pour donner à la Révolution un élan plus populaire et en même temps pour fortifier contre l'étranger la défense nationale, affaiblie par les hésitations des dirigeants nouveaux.

C'est le même phénomène en 1815, quand les ouvriers des faubourgs, luttant jusqu'à la dernière heure, essayent de sauver tout ensemble l'indépendance nationale et la Révolution indivisiblement menacées par la même invasion mêlée d'étrangers et de royalistes. Et au 4 septembre... Ah! je l'avoue, je ne comprends pas l'hésitation de certains républicains depuis quelques jours à reconnaître qu'au 4 Septembre, même devant l'ennemi, les républicains ont voulu se débarrasser de l'empire...

M. Paul Delombre. — L'empire s'était déjà écroulé !

Jaurès. — Vous dites, monsieur Delombre, que l'empire s'était écroulé déjà et je le veux bien. Je vous accorde aussi que le peuple de Paris, lorsqu'il a envahi le Corps législatif, se préoccupait d'ajouter aux moyens de défense de la nation, mais ce que je ne comprends pas, c'est que vous essayiez de diviser, de séparer ces faits.

Vous paraissez chercher une excuse dans l'heure tardive, trop tardive où s'est produite la révolution du 4 Septembre. (*Applaudissements à l'extrême gauche et sur divers bancs à gauche.*) Le parti républicain n'aurait pas dû hésiter un long mois, un trop long mois; il aurait dû suivre les conseils d'une partie du peuple de Paris. Mais rappelez-vous, messieurs, l'anecdote: M. Jules Grévy arrêtant M. Eugène Pelletan devant le tableau qui est dans notre salle des conférences et qui représente les bourgeois de Calais en chemise et la corde au cou, lui dit — c'était quelques jours à peine avant le 4 Septembre : — Mon cher ami, si nous avions écouté ceux qui nous conseillaient l'autre jour d'abattre dès maintenant l'empire, voilà ce que nous serions à cette heure.

Eh bien! messieurs, s'il n'y avait pas eu ces hésitations, si l'empire avait pu être renversé avant que fût survenu ce que vous appelez, vous, son effondrement, mais qui était en même temps l'effondrement de la patrie (*Applaudissements à l'extrême gauche*), si là République proclamée dès le premier jour de la guerre et avant le grand désastre avait pu épargner au pays cette abominable aventure de Sedan qui fut la conséquence de préoccupations dynastiques (*Applaudissements à l'extrême gauche et sur divers bancs à gauche*), là République, j'imagine, n'aurait rien perdu de sa légitimité.

Nous nous accorderons à proclamer, laissant ces subtilités rétrospectives, que le peuple de Paris lorsqu'il a, au 4 Septembre, proclamé la République, a voulu tout ensemble et indivisiblement sauver la patrie menacée et débarrasser la nation d'un ignominieux régime de corruption et de servitude. (*Nouveaux et vifs applaudissements sur les mêmes bancs*).

Au 31 octobre, quand se produisit, sous la direction de Blanqui, dont nos adversaires affectent aujourd'hui de nous opposer le patriotisme, cette tentative révolutionnaire du 31 octobre, quel était toujours le double mot d'ordre, quel était le double programme de la révolution populaire ? Sauver la République, qui se perdait peu à peu, par faiblesse pour la réaction (*Mouvements divers*), et sauver la patrie, qui ne pouvait trouver un vigoureux et invincible ressort que dans la force de la pensée républicaine et populaire.

La Commune, même, messieurs, est sortie de ces deux sources confondues, de ces deux pensées mêlées : protestation contre la réaction versaillaise, protestation contre la capitulation qui risquait de livrer à l'ennemi une partie du territoire de la France. Ainsi, j'ai le droit de dire que toutes les fois, depuis cent vingt années, qu'une grande crise sociale et nationale a sollicité à l'action le prolétariat de France, il a sauvé, du moins dans la mesure de ses forces, il a défendu tout ensemble, par un double effort indivisible, un idéal supérieur de liberté politique et de justice sociale, et l'indépendance, à ses yeux inviolable, de la nation. *(Applaudissements à l'extrême gauche).*

M. Julien Goujon. — Il est malheureux que cela se passe toujours en présence de l'ennemi. *(Très bien! très bien! au centre.* — *Bruit à l'extrême gauche).*

Jaurès. — Messieurs, c'est entendu, mais il ne dépend pas de moi...

M. Julien Goujon. — Je ne désapprouve pas ces efforts, mais on pourrait choisir un autre moment.

Jaurès. — Je ne me plains pas de votre interruption. Vous me dites qu'il est malheureux que cela se passe toujours en présence de l'ennemi. Mais il ne dépend ni de moi ni de vous de rayer de l'histoire le 10 août 1792 et le 4 septembre 1870.

M. le comte de Pomereu. — Ni la Commune !

Jaurès — Si vous voulez que les révolutions intérieures ne s'accomplissent pas devant l'ennemi, pourquoi donc faites-vous obstacle aux tentatives passionnées, je dirais même aux tentatives désespérées, que nous renouvelons sans cesse, pour prévenir précisément et par l'arbitrage et par l'action internationale des ouvriers ces guerres extérieures? *(Applaudissements à l'extrême gauche et sur divers bancs à gauche).*

Mais je dis que si des tourmentes nouvelles l'y obligent, si le double tourbillon d'une révolution intérieure et d'une guerre extérieure vient à se mêler en une sorte de cyclone, le prolétariat fidèle à sa mission séculaire aujourd'hui comme hier, demain comme aujourd'hui fera surgir d'un même effort la justice sociale et l'indépendance nationale.

Messieurs, vous m'objectez sans cesse — je ne veux me dérober à aucune difficulté et à aucune question — vous m'objectez sans cesse quelques paroles, quelques théories d'un des nôtres, vous m'objectez les théories de Gustave Hervé. *(Mouvements divers.)* Vous m'avez sommé bien des fois de les désavouer, Messieurs, j'ai discuté contre lui, j'ai argumenté contre lui...

M. Charles Benoist. — Cela ne l'a pas converti.

Jaurès. —... et dans notre parti nous ne connaissons, nous ne voulons connaître, dans nos débats avec les militants du même parti, d'autre règle et d'autre sanction que la discussion elle-même. *(Applaudissements à l'extrême gauche.)* Vous n'obtiendrez de nous, en réponse à des théories même réfutées par nous, aucune mesure brutale, ni humiliante. *(Interruptions au centre et à droite.)*

M. Aynard. — Nous ne vous demandons aucune mesure brutale ; nous vous demandons votre pensée sur les doctrines de M. Hervé ; voilà tout !

M. Georges Grosjean — Le parti socialiste unifié a exclu M. Mil-

lerand et M. Deville. Pourquoi n'exclut-t-il pas M. Hervé ? (*Exclamations
à l'extrême gauche et sur divers bancs à gauche.*)

Jaurès. — Monsieur Grosjean, je vous en prie, veuillez me laisser
poursuivre.

M. le Président. — Monsieur Grosjean, veuillez garder le silence.

Jaurès. — Permettez ! messieurs, je ne veux pas laisser s'établir de
confusion dans le débat, M. Grosjean m'a posé à cette tribune des questions multiples et précises.

M. Georges Grosjean. — Je vous en pose encore une.

Jaurès. — Je veux y répondre avec précision, mais avec suite et
dans l'ordre choisi par moi ; et si je n'ai pas répondu clairement...

M Georges Grosjean. — Je demande à M. Jaurès... (*Vices récla-
mations à l'extrême gauche et à gauche*).

M. le Président. — Monsieur Grosjean, je vous prie encore une fois
de garder le silence.

M. Prache. — Cela gêne M. Jaurès.

M. le Président — Cela gêne la discussion.

Jaurès. — Monsieur Grosjean, je n'accepte pas que vous me posiez
une nouvelle question avant que j'aie terminé ma réponse à celles que
vous m'avez adressées déjà ; je tiens à m'expliquer ici en toute liberté
comme en toute clarté.

M. Georges Grosjean. — Sauf sur ce point.

Jaurès. — Et il vous apparaît bien que je ne fuis pas le débat. Vous
nous dites : Vous êtes solidaires de toutes les théories de M. Hervé tant
qu'il sera dans le même parti que vous. Je prétends que c'est la défini-
tion d'un parti de servitude et non pas d'un parti de libre discussion et
de libre critique. (*Applaudissements à l'extrême gauche*).

M. Georges Grosjean. — J'ai demandé à M. Jaurès pourquoi le parti
socialiste, ayant exclu M. Millerand et M. Deville...

Gustave Rouanet. — Cela n'est pas exact.

M. Georges Grosjean. — ... il n'a pas exclu M. Hervé.

M. le Président. — Monsieur Grosjean, vous vous êtes fait inscrire ;
vous pourrez répondre à la tribune.

M. Georges Grosjean. — Je constate que M. Jaurès n'a pas répondu.

Jaurès. — Il n'y a pas d'idée, même, vous m'entendez bien, l'idée de
patrie, qui soit à nos yeux un dogme intangible, soustrait à toute discussion et à toute critique, S'il y a des militants de notre parti qui l'inter-
prètent, qui la critiquent en un sens qui n'est pas approuvé par nous,
nous discutons avec eux, nous essayons de les réfuter, nous essayons
de persuader librement à notre parti qu'il se trompe ; mais quant aux
mesures par lesquelles nous serions tenus de briser, selon vous, toute
solidarité, c'est une lâcheté, un abandon de l'esprit critique que nous ne
permettons pas. (*Vifs applaudissements à l'extrême gauche et sur divers
bancs à gauche. — Applaudissements ironiques au centre*).

Je ne serais d'ailleurs plus libre de discuter contre lui à cette tribune
même si le conseil de l'ordre n'avait pas, par un monstrueux attentat
contre la liberté d'opinion et la liberté de conscience (*Applaudissements*

à l'extrême gauche et sur divers bancs à gauche), refusé à un homme, à un citoyen, le droit d'être inscrit au barreau, sous prétexte qu'il apportait contre l'idée de patrie des critiques qui heurtent la conscience de la majorité.

M. Charles Benoist. — Et qui sont qualifiées crime.

Jaurès — Messieurs, cet acte de violence est d'autant plus singulier qu'il a été commis, qu'il a été contresigné par des hommes qui, dans dans une crise récente, ont été, eux aussi, menacés de radiation sous prétexte qu'ils n'étaient pas... *(Applaudissements à l'extrême gauche et sur divers bancs à gauche)*.

M. Jules Auffray. — Je proteste contre votre affirmation. Jamais M⁰ Labori n'a été traduit, ni menacé d'être traduit devant le conseil de l'Ordre, à l'époque dont vous parlez. Votre assimilation repose sur une inexactitude matérielle qui lui enlève toute réalité.

M. le Président. — Monsieur Auffray, veuillez garder le silence.

Jaurès. — Eh bien, messieurs, après ces explications, j'ai la pleine liberté de dire que je ne suis pas inquiet, pour la sécurité, pour la liberté nationale de la France républicaine, des sophismes ou des paradoxes qui ont pu se produire. Ils ne prévaudront pas contre la tradition révolutionnaire et contre le sens profond de la classe ouvrière. J'ose dire, sans jouer des mots, que plus les ouvriers seront révolutionnaires, plus ils le seront délibérément, consciemment, plus ils comprendront aussi la nécessité de défendre toujours, de sauver toujours l'indépendance de la nation. *(Très bien! très bien! et applaudissements à l'extrême gauche et sur divers bancs à gauche)*.

Qu'est-ce que la révolution? C'est le suprême effort vers l'entière liberté politique et sociale. Et comment la liberté des individus serait-elle possible dans l'esclavage des nations? *(Nouveaux applaudissements sur les mêmes bancs)*.

Paul Constans (Allier). — Voilà la vraie doctrine!

Jaurès. — L'humanité n'a pu organiser encore en un système unique en une vaste harmonie tous ses éléments disséminés et dissemblables; elle n'a pu procéder encore à l'organisation totale de ces éléments; elle n'a pu réaliser que des organisations partielles qui sont les nations, qui sont les patries. Certes, à l'intérieur de ces nations subsistent encore bien des inégalités, bien des servitudes, bien des violences, mais du moins, quelles que soient encore à l'intérieur des nations, à l'intérieur des patries, l'iniquité, la violence, la tyrannie des classes, il y a cependant un commencement de garanties politiques, un commencement de discussion, et ce n'est pas la pure force brutale, la pure force rudimentaire, telle qu'elle sévissait sur l'humanité primitive, qui règle seule les rapports des citoyens entre eux. Au contraire, tandis qu'à l'intérieur de chaque nation un commencement d'état social a pu se constituer, de nation à nation, surtout lorsqu'est déchaînée la guerre, c'est encore l'état de nature qui s'est prolongé, le règne de la pure force brutale.

Edouard Vaillant. — Très bien!

Jaurès. — Et lorsqu'une nation subit, ou par la conquête, ou même seulement par la menace de la conquête, cette atteinte brutale de la force extérieure, rudimentaire et grossière, lorsque l'organisme incomplet de contrat, de justice insuffisante mais commençante qui s'appelle la patrie, est lésé par le fer, par le couteau qui vient du dehors, alors c'est l'état de nature, c'est la brutalité sauvage et primitive qui s'installe au cœur même des nations (*Applaudissements à gauche et à l'extrême gauche*), et c'est la rétrogradation absolue de la race humaine.

La révolution, messieurs, elle ne peut pas seulement se réaliser par quelques formules, elle a besoin de la libre énergie des hommes. Il faut qu'elle développe, qu'elle exalte en eux toutes les puissances de la vie. Or, il n'est rien qui déprime toutes les forces de la vie, il n'est rien qui les atteigne jusqu'en leurs racines physiologiques comme le régime de la conquête. (*Applaudissements à l'extrême gauche*).

Et c'est pourquoi, messieurs, vous n'avez pas besoin de redouter pour l'indépendance et pour la sécurité de la patrie la croissance révolutionnaire de la classe ouvrière organisée.

Ne prenez pas au pied de la lettre, ne prenez pas au mot ceux des ouvriers qui disent que, pour les prolétaires, il n'y a pas de patrie ; ils veulent marquer seulement par là, dans l'amertume de leur pensée, dans la révolte de leur conscience, l'insuffisante part de liberté, de justice, de garanties et de droits qui leur est trop souvent ménagée dans la cité d'aujourd'hui. (*Applaudissements à l'extrême gauche et sur divers bancs à gauche*).

Ah ! certes, je ne prétends pas que, même aujourd'hui, surtout dans les pays de démocratie, les ouvriers soient pleinement des étrangers dans la patrie. Ils y ont conquis des droits qui sont doublement précieux pour eux, d'abord parce que ces droits commencent à protéger, à faciliter leur action pour des conquêtes ultérieures, et ensuite parce que ces droits sont en grande partie leur œuvre. Que seraient, je vous le demande, les libertés politiques dans ce pays si, depuis cent vingt années, la classe ouvrière n'avait pas donné à tous les mouvements d'émancipation sa vaillance, sa force, son désintéressement ? (*Applaudissements à l'extrême gauche et sur divers bancs à gauche*).

Aussi, je sais bien que lorsqu'ils paraissent répudier la liberté, la patrie d'aujourd'hui, ils parlent comme le père qui affecte un jour de répudier le fils parce que le fils ne grandit pas selon l'idéal qu'il s'en est formé ; mais il sait bien qu'il est l'enfant de son cœur et de sa chair. La liberté, c'est l'enfant de la classe ouvrière (*Applaudissements sur divers bancs à gauche et à l'extrême gauche*), née sur un grabat de misère et de mine chétive encore, mais qui porte en soi une incomparable vitalité secrète, et dont le regard de flamme appelle la liberté d'un monde nouveau.

Messieurs, ce n'est pas seulement dans l'ordre des libertés politiques que les ouvriers, que les travailleurs, si déshérités soient-ils encore, sont dès maintenant en communication avec la patrie. C'est dans l'ordre même de la pensée. Oui, Sembat avait raison de dire que trop souvent la beauté des chefs-d'œuvre où est condensé le génie de la France, est pour les ouvriers, pour les prolétaires, ou trop ignorants encore ou dévorés par la besogne de chaque jour, un livre fermé. Mais ce n'est pas seulement par les livres, c'est par une tradition vivante et active que toute la pensée de la France s'incorpore peu à peu à l'esprit de la classe ouvrière, à l'esprit du prolétariat. Les ouvriers du dix-huitième siècle avaient très peu lu et Voltaire et Rousseau et Diderot et l'Encyclopédie, et pourtant, lorsqu'au début de la Révolution, dans le cours de la Révolution, ils eurent besoin de défendre contre l'Église, les libertés révolutionnaires naissantes, ils s'approprièrent, en quelques mois, toute la critique voltairienne, et c'est seulement dans les ouvriers de nos faubourgs qu'elle a gardé toute sa vivacité et toute son étincelle. (*Applaudissements à l'extrême gauche et sur divers bancs à gauche*).

M. Massabuau. — Rabelais avait précédé Voltaire.

Jaurès. — Ils n'avaient pas lu Jean-Jacques...

M. Charles Benoist. — Heureusement !

Jaurès. — ... mais lorsque la Constituante créa des citoyens actifs et des citoyens passifs, lorsque le peuple eut besoin pour défendre son droit, de proclamer l'entière démocratie, c'est lui et lui seul qui s'assimila et appliqua jusqu'au bout dans ses conséquences ultimes le principe que Jean-Jacques avait posé.

De même les ouvriers n'ont pas eu besoin de lire ce qui, dans l'Encyclopédie, touche aux détails techniques de l'industrie, ce qui glorifie le travail manuel ; ils n'ont pas eu besoin de cette lecture pour prendre peu à peu conscience dans la démocratie, dans la patrie, de la dignité, de la beauté, de la puissance du métier manuel exercé par eux. Et maintenant, lorsque tous ensemble, syndicats fédérés aux syndicats, fédérations de métiers réunies aux fédérations de métiers, lorsque tous ensemble ils groupent, dans une organisation harmonieuse, toute la volonté de l'industrie ouvrière, ils réalisent une sorte d'encyclopédie vivante qui est l'accomplissement de l'Encyclopédie du dix-huitième siècle. (*Applaudissements à l'extrême gauche.*) Ainsi, messieurs, ce n'est pas par la tradition des livres, c'est par la tradition de l'histoire que la pensée de la France s'incorpore à la substance même de la classe ouvrière. C'est dans le prolétariat que le verbe de la France se fait chair. (*Exclamations à droite. — Applaudissements à l'extrême gauche.*)

M. Lasies. — Voilà qu'on nous récite l'*Angelus*, maintenant !

Jaurès. — Dès aujourd'hui, par la liberté, par la démocratie, par la République, par la tradition vivante des libertés intellectuelles, le prolétariat de France n'est pas un étranger dans la patrie ! Mais, même s'il l'était pleinement, c'est encore dans la liberté maintenue de la nation, dans l'indépendance nationale sauvée, que serait pour lui la garantie des conquêtes et du développement de demain. Il le sait bien et vous pouvez constater à l'heure tragique qui se déroule à l'Orient de l'Europe, comment, dans la conscience du prolétariat révolutionnaire, l'idée de la liberté ouvrière et de l'autonomie nationale est indissolublement liée.

Ah ! certes, les Polonais, à cette heure, ne cherchent pas à s'isoler de la Russie par la reconstitution artificielle d'un État un, d'une nation une, mais ils revendiquent indivisiblement leur liberté nationale, leur liberté politique, la liberté de leur langue, la liberté de leur action, la liberté de leur travail, et ils mettent au service de toute la révolution russe, de toute l'émancipation russe, la double force qu'ils puisent dans leur conscience nationale indomptable et dans leur conscience ouvrière grandissante. (*Applaudissements à l'extrême gauche.*)

C'est là la vraie revanche, c'est là l'accomplissement de ce que votre grand orateur appelait la justice immanente ; les États de violence, de partage, de brutalité, s'imaginaient en avoir fini avec elle ; ils s'imaginaient qu'à jamais elle était morte et pour qu'elle ne pût jamais, sous un souffle de résurrection, recueillir ses ossements, se lever de nouveau, ils les avaient dispersés dans trois sépulcres et voilà que, malgré cet ensevelissement, malgré ces dispersions, devant les puissances de tyrannie qui se croyaient maîtresses à jamais, la conscience nationale polonaise se lève mêlée à la conscience révolutionnaire russe dans la même racine, dans le même fond de liberté, affirmant ensemble l'autonomie nationale et l'autonomie ouvrière, toutes les libertés liées. (*Vifs applaudissements à l'extrême gauche et sur divers bancs à gauche.*)

S'il est vrai, comme j'ai essayé de le démontrer, par l'analyse même de la tradition de la classe ouvrière et de sa conscience révolutionnaire, que, pour elle, l'indépendance de la nation et l'émancipation sociale sont inséparables, il ne faut pas qu'il y ait d'équivoque ; elle défendra la liberté de la patrie, mais elle ne sera pas dupe de ceux qui essayent d'exploiter l'idée de patrie elle-même dans un intérêt de classe, et elle essayera, par un incessant effort, de substituer à une patrie d'inégalité et de privilège, une patrie de pleine égalité sociale qui s'harmonise par là même avec les autres patries. C'est à cet effort, messieurs, que s'emploient à cette heure toutes les énergies de la classe ouvrière française. Elles prennent une forme nouvelle, la forme du syndicalisme révolutionnaire, sur laquelle il ne faut pas que vous vous mépreniez. C'est une injustice, c'est un enfantillage de juger, comme on le fait trop souvent, cet effort d'organisation syndicale des ouvriers par quelques propos étourdis, excessifs, outranciers. C'est dans leurs tendances générales, essentielles, permanentes, qu'il faut juger les institutions.

Messieurs, je ne méconnais pas la part d'erreur, la part d'illusion qui a pu se mêler parfois depuis quelques années à la théorie et même à ce qu'on pourrait appeler la politique du syndicalisme révolutionnaire. Je crois qu'il se trompe lorsqu'il essaye de discréditer aux yeux de la classe ouvrière l'action proprement politique, l'action électorale et parlementaire, la conquête du suffrage universel, la conquête de l'État.

Si puissante que soit l'action du prolétariat organisé dans ses syndicats, dans ses Bourses du travail, dans sa Confédération du travail, elle n'aboutira à l'émancipation complète et à l'organisation d'une société nouvelle que par l'harmonie de la pleine action politique de classe et de la pleine action économique de la classe ouvrière.

Edouard Vaillant. — Très bien !

Jaurès. — Je crois, en même temps, que c'est une erreur pour le

syndicalisme révolutionnaire d'opposer la classe ouvrière à la démocratie. Il prétend que la démocratie affaiblit, éparpille la volonté du
peuple, l'atténue à n'être plus qu'une volonté indirecte et lointaine, parce
qu'elle s'exerce nécessairement par des mandataires, par des délégués
dont le mandat trop général et trop étendu rend le délégué, en quelque
mesure, indépendant de la volonté et de la pensée des mandants eux-
mêmes

Mais, messieurs, ce n'est pas en affaiblissant l'action politique, c'est,
au contraire, en la fortifiant, en fortifiant l'organisation politique du
parti de la classe ouvrière, qu'elle remédiera à ce vice et à ce péril.
D'ailleurs, à mesure que la classe ouvrière étendra son organisation
syndicale, elle sera obligée elle-même d'exercer la volonté commune
des ouvriers organisés, par des délégués, par des mandataires.

Enfin, il ne suffira pas aux ouvriers d'organiser leurs forces propres.
Même si par la seule action syndicale, même si par la réussite soudaine
du syndicalisme révolutionnaire, ils parvenaient à s'emparer du pouvoir, ils seraient obligés d'organiser, d'incorporer à la société nouvel-
lement fondée par eux, non seulement les éléments proprement ouvriers,
mais l'ensemble des citoyens ; ainsi ils seraient obligés à leur tour, pour
réaliser dans sa plénitude l'ordre social nouveau, de pratiquer sous la
forme ouvrière et dans l'intérêt du proletariat, une polémique de démocratie.

Mais s'il y a là une part d'illusions inévitable, comme dans tous les
mouvements nouveaux, comme dans toute affirmation véhémente d'une
force neuve, ce qui reste vrai, ce qui est vivant dans le syndicalisme
révolutionnaire, ce qui doit appeler l'attention de tous les gouvernants,
de tous les élus, c'est d'abord ceci : c'est que les ouvriers aspirent de
plus en plus à constituer une force distincte, une force autonome,
capable d'agir sur l'ensemble du mouvement social dans l'intégrité de
sa pensée.

Nous, messieurs, mêlés comme socialistes à la bataille politique,
cherchant par la loi même de notre action à étendre notre influence sur
le suffrage universel, sur la démocratie mêlée de forces diverses ; nous,
cherchant à obtenir dans les Parlements des résultats immédiats, des
réformes immédiates, nous pouvons être entraînés par la logique même
de notre action à des concessions outrées, à des compromissions dange-
reuses ; nous pouvons parfois être tentés d'oublier le but final de l'action
du prolétariat, l'entière rénovation sociale dans laquelle ce sont les
travailleurs, les salariés d'aujourd'hui qui seront la coopération sociale,
les maîtres de la production ; et il est bon que dans les syndicats, dans
les Bourses du travail, dans la Confédération du travail, dans l'unité
ouvrière distincte, constituée, organisée, la conscience du prolétariat
reste à l'état de force autonome, je dirai de force aiguë. Il est bon, il
faut que quelque part le ressort de la force ouvrière, le ressort de la
pensée ouvrière soit ramassé sur lui-même, de façon à agir par une
détente vigoureuse sur l'ensemble des forces sociales.

Voilà, messieurs, quel est, de pus en plus, le sens nouveau, voilà quelle est la signification sociale du syndicalisme révolutionnaire. Et, par une conséquence inévitable, en même temps que les ouvriers se ramassent pour ainsi dire, se recueillent ainsi sur le centre même de leur vie et de leur pensée, en même temps qu'ils constituent de plus en plus une force distincte, capable de traverser sans s'y émousser, sans s'y perdre, toute l'épaisseur des résistances sociales, les ouvriers sont naturellement conduits à user dans la bataille du moyen d'action, du moyen de combat qui dérive de la vie ouvrière elle-même. Pour avoir des lois, lois nécessaires, lois qu'il ne peut renoncer à conquérir, le prolétariat ouvrier est obligé d'attendre, ici et dans le pays, que bien des éléments qui lui sont ou hostiles ou réfractaires ou indifférents, aient été peu à peu conquis. Mais il y a une force qui est en lui, une force qui est lui-même; cette force, c'est son propre travail, c'est sa puissance de production, c'est la quotidienne énergie de travail ouvrier qui produit tout, qui fait aller du matin au soir tous les rouages de la machine sociale. (*Applaudissements à l'extrême gauche.*)-

Messieurs, naturellement, invinciblement, sans que vous puissiez, si vous êtes vraiment des hommes politiques attentifs et clairvoyants, imputer à quelques excitateurs, à quelques meneurs la responsabilité de ce mouvement social, de cette déduction sociale, invinciblement les ouvriers organisés sont amenés à se dire que, puisque c'est leur force de travail qui produit tout, qui soutient tout, qui entretient tout, ils sont conduits à se dire qu'une défaillance, qu'une suspension volontaire et concertée de cette force de travail obligerait les pouvoirs publics, obligerait la société à prendre conscience précisément de la nécessité et de la puissance du travail et de la valeur de ses droits. (*Applaudissements à l'extrême gauche*).

Ah! les législateurs ne sont qu'à moitié attentifs! Ah! ils s'imaginent avoir apaisé le mouvement ouvrier, lorsqu'ils ont atténué seulement quelques-unes des conséquences du régime capitaliste! Eh bien, nous allons leur montrer, nous allons leur rappeler que le travail a droit à tout, puisqu'il est tout. (*Applaudissements sur les mêmes bancs*).

Et pour leur rappeler qu'il est tout, nous allons leur montrer que tout s'arrête dès qu'il se dérobe. (*Nouveaux applaudissements sur les mêmes bancs*).

Voilà, messieurs, quelle est la signification profonde, la signification sociale de cette pensée de grève générale qui est immanente à l'organisation ouvrière. (*Applaudissements à l'extrême gauche*).

Il y a cent vingt années, Mirabeau, dans sa tournée de Provence contre les nobles, contre les privilégiés, leur jetait ce cri admirable : « Prenez garde d'irriter ce peuple qui produit tout, ce peuple qui, pour être formidable, n'aurait qu'à être immobile! » (*Applaudissements à l'extrême gauche*).

Messieurs, le syndicalisme révolutionnaire a recueilli au profit du prolétariat ouvrier la grande parole de combat que le grand orateur du Tiers-État jetait aux privilégiés sur le seuil de la Révolution. Je le répète, c'est là le sens de la grève générale dans les pays qui ont déjà conquis la liberté politique. Là où la liberté politique n'est pas encore, comme en Russie, comme en Autriche-Hongrie, les travailleurs se servent de la grève générale pour conquérir le droit politique, pour conquérir le suffrage universel ; là où ils l'ont conquis, ils s'en servent, par un effort nouveau, pour rappeler au suffrage universel qu'il ne sera une vérité universelle que lorsqu'il sera fondé sur l'universelle propriété sociale et non plus sur la propriété oligarchique. (*Applaudissements à l'extrême gauche*).

Ainsi, messieurs, le syndicalisme révolutionnaire, qu'il est puéril, je le répète, de juger par ses escapades de plume ou de parole, est tout à la fois une idée nouvelle et un moyen d'action nouveau ; et ce moyen d'action, le prolétariat organisé le met au service de sa revendication sociale, au dehors comme au dedans ; je veux dire qu'il est décidé à en user pour conquérir la pleine justice sociale par la transformation de la propriété, comme il est décidé à en user pour arracher la direction de la patrie à ceux qui abuseraient d'elle pour la jeter malgré elle, malgré le peuple, dans des guerres d'aventure et d'agression. (*Applaudissements à l'extrême gauche*).

Eh bien, messieurs, c'est la force en face de laquelle vous vous trouvez, et ce que vous avez à décider, dans cette interpellation, c'est l'attitude que vous allez prendre à l'égard de cette force.

Vous commettez une erreur, une imprudence singulières lorsque vous essayez de vous armer contre elle de telle ou telle phrase prononcée par tel ou tel militant ; c'est un mouvement vaste, c'est un mouvement profond, c'est un mouvement nécessaire. Sous prétexte de réprimer quelques propos antimilitaristes, le Gouvernement chasse les syndicats, la Confédération de la Bourse du travail municipale. A quoi aboutirez-vous ? Déjà les syndicats se cotisent et s'organisent pour se créer une Bourse de travail libre ; irez-vous les y traquer, les y pourchasser ? Vous serez bien obligés là, sous peine d'un véritable coup d'État contre la classe ouvrière, d'y respecter leur liberté. (*Applaudissements à l'extrême gauche.*)

Dès lors, par l'acte que le préfet de la Seine a accompli sous la responsabilité du Gouvernement, vous n'avez pas affaibli d'une parcelle, vous n'avez pas diminué d'un atome la force réelle du prolétariat organisé, mais vous avez permis à ce prolétariat organisé de dire, de penser que la République gouvernementale s'était hâtée de saisir la première occasion, le premier prétexte de frapper, là où elle le pouvait, la force d'organisation des ouvriers.

Marcel Sembat. — C'est la vérité !

Jaurès. — Eh bien, cela est mauvais. Cela est mauvais pour la République beaucoup plus que pour la classe ouvrière ; cela est mauvais pour l'attitude générale du gouvernement républicain ; cela est mauvais pour la conduite générale des affaires de la France dans le monde. (*Applaudissements à l'extrême gauche.*)

Je vous l'ai dit, j'ai tenté de vous le démontrer ; c'est, messieurs, ma conviction profonde : quelque débile que soit encore, je le reconnais, la force d'organisation internationale des prolétaires, elle est pourtant, à l'heure présente, la seule force qui puisse faire obstacle au torrent de la guerre soudainement déchaîné. (*Applaudissements à l'extrême gauche.*)

Eh bien, pour vous qui êtes un grand peuple de liberté et de paix, pour vous qui ne voulez pas livrer l'Europe et le monde au hasard des entreprises sanglantes, pour vous qui avez besoin de propager dans toute l'Europe, par votre exemple même, cet idéal de liberté et de paix, c'est une faute capitale contre la nation elle-même que de paraître décourager, que de paraître discréditer, que de paraître rejeter comme dangereuse et impie cette classe ouvrière qui, vous le savez bien, jusque dans ses plus grandes audaces de parole, reste attachée passionnément à l'indépendance de la nation, mais qui ne veut pas, précisément, que la nation soit entraînée, qu'elle soit engagée, qu'elle soit jetée dans des entreprises de hasard et de barbarie ; force de lumière, force de paix, voilà ce que vous n'avez pas le droit d'atteindre. (*Applaudissements à l'extrême gauche et sur divers bancs à gauche.*)

Et prenez garde ! Ce n'est pas seulement le socialisme que vous frapperez lorsque vous couvrirez d'une apparence de préoccupation patriotique des coups de force contre ce prolétariat qui est une des ressources de la liberté nationale en même temps qu'il est une des ressources de la paix internationale. Non, ce n'est pas seulement le socialisme que la réaction maltraitera ainsi, mais, de proche en proche, par les solidarités que la réaction essaie d'élargir, par l'interprétation même qu'elle donne à toute l'histoire du parti républicain, c'est la République elle-même qui va être, par une savante manœuvre, discréditée, dénoncée comme incapable d'assurer l'indépendance et l'intégrité de la nation. (*Applaudissements à l'extrême gauche et sur divers bancs à gauche.*)

Vous avez entendu l'autre jour le langage de M. Lasies. C'est à nous d'abord que s'adressaient ses paroles, mais il ne s'est pas arrêté à nous et il est remonté jusqu'au parti républicain luttant à la fin de l'empire contre la tyrannie, contre le césarisme. C'est le parti républicain qui, par une nouvelle et audacieuse affirmation, a été rendu responsable des désastres de la patrie en 1870.

M. Lasies nous l'a dit. Ce n'est ni Napoléon III, ni l'exemple de trahison victorieuse qui, donné par lui au Deux-Décembre, s'est propagé ensuite jusqu'à Metz par delà l'empire, ce n'est pas l'absence de contrôle, ce n'est pas la servitude, ce n'est pas la dilapidation de toutes les ressources militaires, ce n'est pas l'expédition du Mexique, ce n'est pas la témérité d'une lutte folle engagée sur une dépêche qu'on se refusait à communiquer au Corps législatif...

M. Lasies. — Orléaniste, va !

Jaurès. — ... Non ! Ce qui a déchaîné la guerre, et l'invasion, et le désastre, c'est l'opposition libérale de M. Thiers, c'est l'opposition républicaine de Jules Simon et de Jules Favre. (*Vifs applaudissements à l'extrême gauche et à gauche. — Applaudissements ironiques à droite.*)

M. Lasies. — Ce sont les rhéteurs comme vous, monsieur Jaurès ! (*Applaudissements à droite et au centre. — Bruits à l'extrême gauche.*)

Jaurès. — Monsieur Lasies, l'empire a été livré à deux rhéteurs : Rouher et Emile Ollivier. *(Applaudissements à l'extrême gauche et à gauche)* et si la rhétorique a perdu la France, c'est parce qu'elle rencontrait devant elle, non pas comme la nôtre, le contrôle d'un Parlement libre et d'une nation souveraine, mais la servitude, la passivité. *(Vifs applaudissements à l'extrême gauche et à gauche. — Interruptions à droite).*

Vous le voyez, messieurs — et je ne suis pas fâché que vous ayez le post-scriptum bonapartiste des magnifiques indignations nationales qui se déchaînaient ici — il faut en finir avec cette légende. Ce qui a perdu l'empire...

M. Cuneo d'Ornano. — C'est votre Bazaine ! *(Bruit).*

François Fournier. — Gardez Bazaine pour vous !

M. Antide Boyer. — Oui ! Il vous appartient ! Gardez-le !

M. Cuneo d'Ornano. — C'est la trahison des parlementaires. Nous la reverrons partir du même côté. *(Bruits à l'extrême gauche).*

Jaurès. — Ce qui a perdu l'empire, ce n'est pas, au point de vue militaire, le rejet du projet du maréchal Niel... *(Mouvements divers)*. C'est M. Lasies qui en a parlé...

M. Lasies. — Parfaitement !

Jaurès. — Il a mis en cause et M. Thiers et Jules Simon. Eh bien ! M. Thiers d'un côté, Jules Simon et les républicains de l'autre, avaient, avec des politiques différentes, tout au moins des politiques claires et cohérentes.

A droite. — Ce n'est pas comme la vôtre ! *(Bruit).*

Jaurès. — Thiers voulait, lui...

M. Cunéo d'Ornano. — Le pouvoir temporel du pape ! *(Mouvements divers).*

Jaurès. — Thiers voulait, lui — et selon nous il se trompait, mais au moins il avait une politique cohérente ! — Thiers voulait maintenir la loi militaire de 1832 avec l'Etat européen de 1832. Et les républicains, eux, de Jules Simon à Jules Favre, que proposaient-ils ? Trois choses aussi, parfaitement liées et cohérentes : la substitution de la nation armée aux armées prétoriennes qui ont fondu au premier souffle de la tempête... *(Vifs applaudissements à l'extrême gauche et à gauche. — Protestations à droite).*

M. Lasies. — C'est une insulte à l'héroïsme des braves qui sont morts pour défendre la patrie *(Vifs applaudissements à droite et au centre)*, tandis que certains de vos amis restaient prudemment à l'étranger. *(Bruit).*

Jaurès. — C'est toujours le même malentendu volontaire, mais qui ne trompera personne. Ce n'est pas l'héroïsme admirable des soldats et des bataillons que nous accusons de la défaite, c'est l'incapacité d'un régime de désorganisation, de favoritisme et de servitude. *(Vifs applaudissements à l'extrême gauche et à gauche. — Interruptions à droite).*

M. Cunéo d'Ornano. — On verra la marine de M. Pelletan et l'armée du général André. (*Bruit*).

Jaurès. — Et, en même temps que les républicains, de Jules Simon à Jules Favre, sous des formes variées allant de la milice suisse au service militaire de trois ans pour tous, proposaient l'armement général de la nation, ils proposaient aussi en Europe une politique de paix.

M. Lasies. — A quoi cela a-t-il servi ?

Jaurès. — Ils disaient à l'empire : Vous avez commencé à éveiller, à créer la nationalité italienne, ne la tournez pas contre vous en l'arrêtant à moitié croissance. Ils ajoutaient : Vous n'avez pas empêché en 1863, en 1866, la croissance de l'Allemagne ; maintenant que la Prusse a grandi, maintenant que la confédération de l'Allemagne du Sud indique qu'elle est prête à un rapprochement avec la confédération de l'Allemagne du Nord, ne vous mettez pas en travers du développement pacifique de l'Allemagne parce que vous la convertiriez en un développement belliqueux, en une organisation offensive. Enfin, ils ajoutaient : Pour que le monde ne puisse pas se défier de nous, ne laissez pas à une volonté unique et irresponsable le soin de décider de la paix et de la guerre. (*Applaudissements à l'extrême gauche et à gauche*).

A droite. — Et aujourd'hui ?

Jaurès. — Et c'est parce que la France n'a pas écouté assez tôt l'avertissement du parti républicain qu'elle a sombré dans l'abîme ! Et vous, vous descendez au fond de cet abîme pour aller y insulter, y outrager cette France républicaine que vos fautes ont perdue ! (*Vifs applaudissements sur les mêmes bancs à gauche et à l'extrême gauche*).

Voilà, messieurs, la manœuvre ; et voyez où va l'entraînement des passions rétrogrades : un homme ici, d'esprit modéré, d'habitudes modérées, s'est permis, l'autre jour, à cette tribune, en un beau langage mesuré, de rappeler qu'autrefois, il y a dix-huit siècles, les chrétiens avaient prêché un idéal d'universelle paix. Il s'est permis d'ajouter que peut-être la guerre n'était pas une fatalité éternelle.

M. Paul Deschanel. — J'en suis convaincu.

Jaurès. — Et parce que M. Deschanel a dit cela, aux yeux de la plupart de ses propres amis, il a été d'emblée à demi-suspect. (*Applaudissements à l'extrême gauche et sur divers bancs à gauche. — Exclamations au centre.*)

Et je ne sais si c'est pour me répondre ou pour répondre à d'autres qu'il a demandé à remonter à la tribune, M. Deschanel, rappelant la controverse qui s'était élevée depuis quelques mois entre M. Clémenceau et moi au sujet de la nation et de l'internationalisme, a dit que cette polémique resterait pour Clémenceau l'honneur de sa vie ; et des applaudissements très vifs ont accueilli au centre même ces paroles de M. Deschanel.

Eh bien ! le lendemain même, exactement le lendemain, il a suffi que M. Clémenceau, dans une question où les passions des partis étaient engagées, prît une attitude contraire à celle de nos collègues de la droite et du centre pour qu'un des principaux rédacteurs de la *Liberté* et de la *République française*, M. Latapie, écrivit : « C'est tout dire que de rappeler... »

M. Georges Berthoulat. — Quel rapport cela a-t-il avec le débat? (*Exclamations à gauche*).

Nous vous apporterons des citations de l'*Humanité*, des extraits d'articles de l'homme avec qui vous vous êtes unifié, de M. Hervé. (*Très bien! très bien! à droite*).

Jaurès. — « C'est tout dire que de rappeler que la manœuvre a pour chef à la Chambre l'homme du péril national et, au Sénat, le héros des anciennes tractations anglaises, *aoh! yes!* » (*Bruit à droite. — Vifs applaudissements à gauche*).

M. Georges Berthoulat. — Et après ? Citez-nous donc M. Hervé. (*Très bien! très bien à droite! — Bruit à gauche*).

Jaurès. — Et il conclut en remuant contre M. Clémenceau la fange des vieilles calomnies.

Et bien! parce qu'il controversait contre les socialistes, il était, la veille, un patriote admirable ; le lendemain, parce qu'il contrariait une manœuvre de réaction, il devient le traître, agent des Anglais. (*Vifs applaudissements à l'extrême gauche et sur divers bancs à gauche.*

M. Georges Berthoulat. — Encore une fois, quel rapport cela a-t-il avec le débat ?

Jaurès. — Ce sera toujours, si vous tombez dans le piège, si vous vous laissez prendre contre nous à l'hypocrisie des déclamations nationalistes, ce sera toujours la même manœuvre de réaction que vous servirez. (*Vifs applaudissements à l'extrême gauche et sur divers bancs à gauche. — Rumeurs et bruit à droite. — L'orateur, en regagnant son banc, reçoit les félicitations de ses amis*).